Silke Martin

Fotos von Frauke Antholz

Hölker Verlag

Vorwort 4

1 Lebkuchen-Brownies
USA 8

2 Drömmar
Schweden 10

3 Mantecados
Spanien 13

4 Weihnachts-Kurabiye
Türkei 14

5 Basler Brunsli
Schweiz 17

6 Orangen-Schoko-Kipferl
Deutschland 19

7 Soetkoekies
Südafrika 22

8 Porterbier-Kekse
Irland 25

9 Weihnachtliche Cantuccini
Italien 26

10 Pepparkakor
Schweden 28

11 Zimt-Macarons
Frankreich 31

12 Hasselnød-Smakager
Dänemark 32

13 Kolachki
Russland 36

14 **Mokka-Zimtsterne**
Deutschland 39

15 **Sacherwürfel**
Österreich 41

16 **Dänische Julkuchen**
Dänemark 42

17 **Flapjacks**
England 45

18 **Millionaires Shortbread**
Schottland 46

19 **Anisbögen**
Österreich 50

20 **Toskanische Weihnachtsschnitten**
Italien 53

21 **Walnuss-Maronen-Printen**
Deutschland 54

22 **Chocolate-Mint-Snow-Top-Cookies**
USA 57

23 **Nussbeugel**
Ungarn 58

24 **Russisch Brot**
Russland, Österreich, Deutschland 61

Register 62

Vorwort

Weihnachtszeit ist Backzeit! Und das nicht nur in Deutschland, sondern überall auf der Welt. Ob Plätzchen, Kekse oder Cookies, Printen oder Kipferl – wenn es in den Häusern nach Vanille, Zimt, Muskat und Anis duftet, Marzipan, Nüsse und Schokolade auf keinem Einkaufszettel fehlen und die alten Rezeptbücher hervorgeholt werden, leuchten die Kinderaugen, und Groß und Klein freuen sich auf köstliche Leckereien. Ob in Schweden oder Südafrika, den USA oder Italien, England oder Spanien ...

In jedem Land gibt es ganz eigene Traditionsrezepte, die seit Jahrhunderten von Generation zu Generation weitergegeben werden. So wie Mantecados in Spanien, Julkuchen und Pepparkakor in Skandinavien, Nussbeugel in Ungarn oder Basler Brunsli in der Schweiz. Die traditionellen Leckereien werden alle Jahre wieder im Advent zu Hause gebacken und in Bäckereien und Cafés angeboten – damit auch jeder weiß: Weihnachten ist nicht mehr fern.

Seinem Ursprung nach diente das Weihnachtsgebäck dazu, die Geburt Jesu zu feiern. Mit erlesenen, kostbaren Zutaten wurden ihm zu Ehren feinste Backwaren zubereitet – ein Fest auch für den Gaumen. Bis heute ist das so geblieben. Viele der vorgestellten Rezepte werden ausschließlich im Advent zubereitet und sind damit etwas ganz Besonderes, auf das man sich das ganze Jahr über freut.

Für jeden Tag im Advent haben wir ein landestypisches Rezept ausgesucht, das Sie kulinarisch zum Beispiel nach Italien, Irland, in die Türkei oder nach Dänemark führt. Los geht die süße Reise durch die Welt der Weihnachtsbäckerei!

Viel Spaß beim Träumen und Backen!

Silke Martin

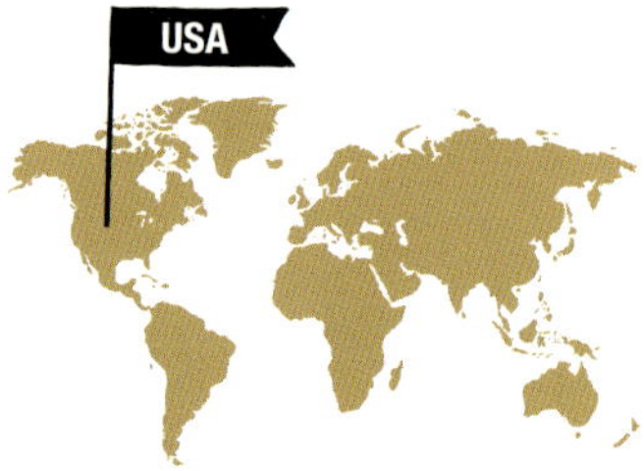

Lebkuchen-Brownies

250 g Zartbitterschokolade / 250 g weiche Butter + etwas extra / 250 g Walnüsse / 7 Eier (M) / 1 Pck. Vanillezucker / 1 Prise Salz / 450 g Puderzucker / 325 g Mehl / ½ Pck. Backpulver / 1 Pck. Lebkuchengewürz / 75 ml Milch / Puderzucker zum Bestreuen

Ergibt 45–50 Stück

Den Backofen auf 175 °C vorheizen. Schokolade grob hacken, mit der Butter in einem kleinen Topf bei schwacher Hitze unter Rühren langsam schmelzen. Dann den Topf von der Herdplatte nehmen. Nüsse in einer Pfanne ohne Fett rösten, herausnehmen und grob hacken.

Eier, Vanillezucker, Salz und Puderzucker mit den Schneebesen des Handrührgeräts verquirlen. Die Schoko-Buttercreme in die Eiermasse rühren. Mehl, Backpulver und Lebkuchengewürz mischen und abwechselnd mit der Milch unterrühren. Dann die Nüsse unterheben.

Die Fettpfanne des Backofens mit Backpapier auslegen. Den Teig gleichmäßig darauf verteilen und 30–35 Minuten backen. Aus dem Ofen nehmen und auf einem Kuchengitter auskühlen lassen.

Aus einem Stück Papier eine sternförmige Schablone (Ø ca. 3 cm) schneiden. Den Kuchen in 45–50 Brownies schneiden und mithilfe der Schablone mit Puderzucker einen Stern auf jedes Stück streuen.

drömmar

200 g weiche Butter / 175 g Zucker / 1 EL Vanillezucker / 350 g Mehl / 1 TL Backpulver
Ergibt ca. 60 Stück

Den Backofen auf 175 °C vorheizen. Butter in der Pfanne leicht bräunen (nicht zu dunkel werden lassen!) und abkühlen lassen. Dann mit Zucker und Vanillezucker schaumig schlagen. Mehl und Backpulver mischen und nach und nach in die Buttermasse sieben. Sorgfältig einarbeiten.

Den fertigen glatten und geschmeidigen Teig in drei Stücke teilen und zu gleichmäßigen Rollen formen. Anschließend jede Rolle in zwanzig gleich große Stücke teilen. Die Stücke jeweils zu einer Kugel formen und auf ein mit Backpapier ausgelegtes Backblech legen. Die Drömmar ca. 15 Minuten backen. Vom Blech nehmen und abkühlen lassen.

Wenn man die Drömmar noch etwas verzieren möchte, vor dem Backen jeweils eine geschälte Mandel auf jede Kugel setzen.

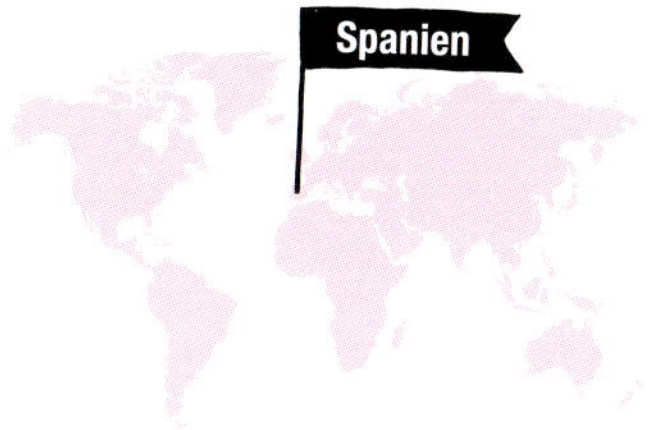

Mantecados

350 g Mehl + etwas extra / 125 g gemahlene Mandeln / 175 g Schweineschmalz / 250 g Zucker / 2 TL Zimt

Ergibt ca. 30 Stück

Das Mehl in eine Pfanne geben und bei geringer Wärmezufuhr erhitzen. Dabei ständig mit einem Holzlöffel umrühren. Mandeln ebenfalls in einer Pfanne kurz anrösten, dann mit dem Mehl vermischen und abkühlen lassen.

Den Backofen auf 150 °C vorheizen. Schweineschmalz in eine große Schüssel füllen und so lange durchrühren, bis es weich und cremig ist. Zucker und Zimt zugeben. Noch einmal gut verrühren, dann nach und nach Mehl und Mandeln zufügen und alles zu einem Teig verkneten.

Den Teig auf einer bemehlten Arbeitsfläche ca. 2 cm dick ausrollen und in 4 x 4 cm große Stücke schneiden. Alternativ mit einem runden Ausstecher oder einem Glas Kreise ausstechen. Auf ein mit Backpapier belegtes Backblech legen und 20–25 Minuten backen. Sobald die Mantecados gebräunt sind, herausnehmen und abkühlen lassen.

In Spanien werden Mantecados traditionell einzeln in buntes Seidenpapier verpackt. Schaut auch bei uns zur Weihnachtszeit sehr hübsch aus!

Weihnachts-Kurabiye

2 Eier / 250 g weiche Butter / ½ TL Zimt / 1 Pck. Vanillezucker / 130 g Puderzucker / 300 g Mehl + etwas extra / 150 g Speisestärke / 1 Pck. Backpulver / 40 Marzipankartoffeln / 1 EL Kakao

Ergibt ca. 40 Stück

Den Backofen auf 175 °C vorheizen. Eier mit Butter, Zimt, Vanille- und Puderzucker mit den Schneebesen des Handrührgeräts gründlich vermengen. Mehl mit Speisestärke und Backpulver mischen, auf die Ei-Butter-Mischung geben, sorgfältig alles vermischen und schließlich mit bemehlten Händen zu einem Teig verkneten.

Anschließend walnussgroße Portionen von dem Teig abnehmen, in der Innenfläche der Hand etwas flach drücken und in die Mitte je eine Marzipankartoffel legen. Dann zu einer runden Kugel formen und auf ein mit Backpapier ausgelegtes Blech setzen.

Kakao auf einen flachen Teller geben, eine passende kleine Ausstechform hineinpressen und anschließend auf die Kugeln drücken. Die Kugeln ca. 20–25 Minuten backen, herausnehmen und auskühlen lassen.

Basler Brunsli

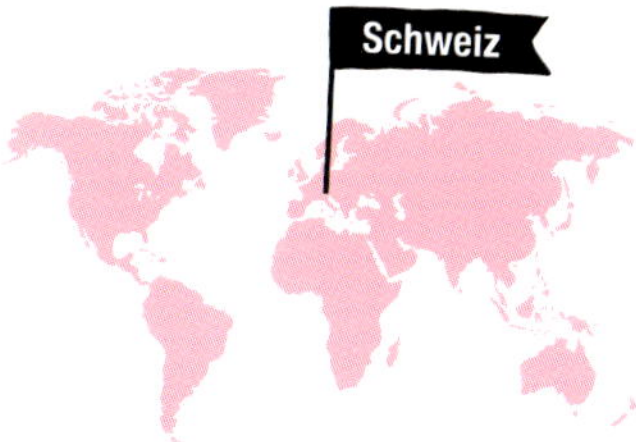

350 g gemahlene Mandeln / 50 g Mehl / 1 TL Kakao / 1 Prise Zimt / 1 Prise Nelkenpulver / 150 g Puderzucker / 4 Eiweiß / 1 Prise Salz / 120 g Zartbitterschokolade / 25 ml Kirschwasser nach Belieben / Zucker zum Verarbeiten / brauner Zucker zum Bestreuen

Ergibt 60–70 Stück

Gemahlene Mandeln mit Mehl, Kakao, Zimt, Nelkenpulver und Puderzucker in einer Schüssel mischen. Eiweiße mit dem Salz steif schlagen und unter die trockenen Zutaten ziehen. Schokolade über dem Wasserbad schmelzen, das Kirschwasser hineinrühren, dann zu der Masse geben und mit den Händen zu einem lockeren Teig verkneten.

Die Arbeitsfläche gründlich mit Zucker bestreuen und den Teig mit einer ebenfalls mit Zucker eingeriebenen Teigrolle ca. 5 mm dick ausrollen. Dann verschiedene Formen ausstechen, dabei die Förmchen immer wieder in Zucker tauchen. Die Plätzchen auf ein mit Backpapier belegtes Blech legen. Bei Raumtemperatur mindestens 12 Stunden, am besten über Nacht, trocknen lassen.

Den Backofen auf 175 °C vorheizen. Die Brunsli 10–12 Minuten backen, herausholen, mit etwas Wasser bestreichen, mit braunem Zucker bestreuen und auskühlen lassen.

Orangen-Schoko-Kipferl

100 g Zartbitterschokolade / 200 g Mehl + etwas extra / 1 Pck. Backpulver / 60 g Speisestärke / 100 g Zucker / 1 gestr. TL Vanillepulver / 1 Ei / Abrieb von 1 Bio-Orange / 125 g Butter / 100 g Vollmilchkuvertüre oder -kuchenglasur / 1 TL Orangenlikör

Ergibt ca. 60 Stück

Schokolade mit einem scharfen Messer fein hacken. Mehl mit Backpulver, Stärke, Zucker und Vanillepulver in einer Schüssel mischen. In die Mitte eine Vertiefung drücken. Ei und Orangenabrieb in die Vertiefung geben. Butter in Flöckchen auf den Rand setzen. Gehackte Schokolade darauf verteilen und alles von der Mitte her mit den Knethaken gut vermischen. Dann die Masse auf eine bemehlte Arbeitsfläche geben und mit den Händen zu einem glatten Teig verkneten. Ca. 30 Minuten kühl stellen.

Den Backofen auf 175 °C vorheizen. Den Teig mit den Händen erst zu dünnen Rollen (Ø ca. 2 cm) formen, dann in 6 cm lange Stücke teilen. Zu Kipferln formen und auf mit Backpapier ausgelegte Bleche legen. Im heißen Ofen 15–17 Minuten backen, dann auskühlen lassen. Die Kuvertüre bzw. Kuchenglasur über dem Wasserbad schmelzen, Orangenlikör zugeben und gut verrühren. Mit einem Küchenpinsel die Enden der Kipferl bestreichen. Dann auf einem Kuchengitter trocknen lassen.

Soetkoekies

250 g Mehl + etwas extra / ½ TL Natron / ½ TL Weinstein-Backpulver / 1 TL Zimt / ½ TL gemahlener Ingwer / ½ TL gemahlene Muskatnuss / ¼ TL gemahlene Gewürznelken / 200 g brauner Zucker / 120 g gehackte Mandeln / 120 g kalte Butter / 2 Eier / 60 ml Portwein (oder Sherry) / 1 Eiweiß

Ergibt ca. 60 Stück

Mehl mit Natron, Weinstein-Backpulver, den Gewürzen, braunem Zucker und den gehackten Mandeln in einer großen Schüssel miteinander vermengen. Butter in Stücke hacken. Eier verquirlen, mit der Butter und dem Portwein zu der Mehl-Mandel-Mischung geben, alles gut miteinander vermischen und zu einer Kugel kneten. Kurz kalt stellen.

Den Backofen auf 180 °C vorheizen. Den Teig auf einer leicht bemehlten Arbeitsfläche ca. ½ cm dick ausrollen und mit einer runden Form oder einem Glas Kreise (Ø ca. 5 cm) ausstechen. Die Soetkoekies mit genügend Abstand auf ein mit Backpapier ausgelegtes Backblech legen und mit verquirltem Eiweiß bestreichen. 12–15 Minuten backen, bis sie eine goldbraune Farbe angenommen haben.

Da sich der Teig gut ausstechen lässt, kann man hier auch andere Formen, z. B. runde Ausstecher mit Wellenrand oder Sonne, Mond und Sterne, wählen. Als Verzierung bieten sich gehackte Mandeln an.

He's
& checking
Going to find out
who's naughty & nice!
Santa Claus
is coming to town!

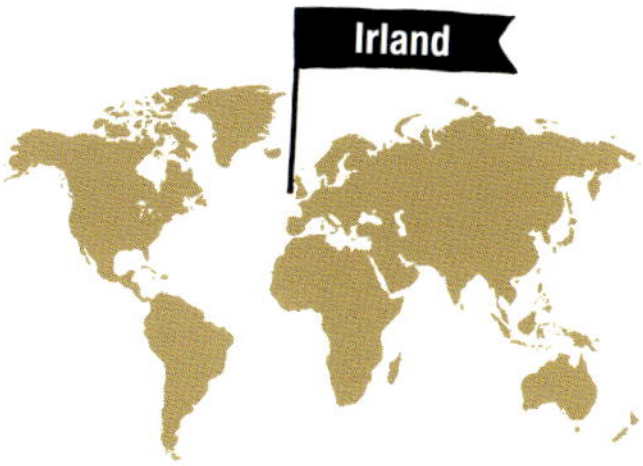

Porterbier-Kekse

250 g Mehl / 125 g kalte Butter / 140 g getrocknete Kirschen / 225 g dunkle Rosinen / 110 g Sultaninen / 65 g Zitronat / 65 g Orangeat / 65 g gehackte Mandeln / 150 g brauner Rohrzucker / Abrieb von ½ Bio-Zitrone / 1 Prise Salz / 1 TL lösliches Kaffeepulver / 1 TL Pfefferkuchengewürz / 140 ml Porter (dunkles Starkbier) / ½ TL Backpulver / 2 Eier

Ergibt ca. 100 Stück

Mehl in eine große Schüssel sieben und die Butter in Flocken darauf verteilen. Nun 65 Gramm der getrockneten Kirschen, die Rosinen und Sultaninen sowie das Zitronat und Orangeat ganz fein hacken und mit den Mandeln in die Schüssel geben. Danach Rohrzucker, Zitronenabrieb, Salz, Kaffeepulver und Pfefferkuchengewürz zugeben und alles mit den Knethaken des Handrührgeräts sorgfältig vermischen.

Porter in einem Topf auf niedrigster Stufe leicht erwärmen und das Backpulver darin auflösen. Den Topf von der Herdplatte nehmen, anschließend die Eier zugeben und gut verrühren. Die Bier-Ei-Mischung zur Mehlmischung geben und das Ganze zu einem geschmeidigen Teig verkneten.

Den Backofen auf 160 °C vorheizen. Zwei Backbleche mit Backpapier auslegen und kleine Teighäufchen darauf verteilen, das geht am besten mit zwei Teelöffeln. Nicht zu eng setzen, da die Kekse noch auseinanderlaufen. Abschließend die restlichen Kirschen auf den Keksen verteilen und die Plätzchen 20–25 Minuten backen.

Weihnachtliche Cantuccini

250 g Mehl / 25 g Kakao / 1 TL Backpulver / 2 TL Lebkuchengewürz / 120 g brauner Zucker / 1 Msp. Vanillepulver / 1 Prise Salz / 30 g Butter / 2 Eier / 1 Bio-Orange / 1 Bio-Zitrone / 75 g Pistazien / 75 g geschälte Mandeln / Puderzucker zum Bestäuben
Ergibt ca. 50 Stück

Mehl, Kakao, Backpulver, Lebkuchengewürz, Zucker, Vanille, Salz, Butter und Eier zu einem glatten Teig verkneten. Die Schale der Orange und Zitrone abreiben, Pistazien und Mandeln grob hacken, dann alles unter den Teig kneten. Den Teig in Frischhaltefolie wickeln und 1 Stunde kühl stellen. Dann in vier gleich große Stücke teilen, diese zu ca. 30 cm langen Rollen formen und weitere 30 Minuten kühl stellen.

Den Backofen auf 180 °C vorheizen. Die Teigrollen mit genügend Abstand zueinander auf ein mit Backpapier belegtes Blech legen und im heißen Ofen ca. 15 Minuten vorbacken. Auf dem Blech auskühlen lassen, dann mit einem Sägemesser schräg in Stücke schneiden und diese weitere 8–10 Minuten backen. Die fertig gebackenen Cantuccini auf einem Kuchengitter abkühlen lassen und mit Puderzucker bestäuben.

Pepparkakor

375 g Zuckerrübensirup / 50 g brauner Zucker / 100 g Butter / 500 g Mehl / 2 TL Lebkuchengewürz / 1 Pck. Backpulver / 80 g Puderzucker / 3 EL Zitronensaft

Ergibt ca. 80 Stück

Zuckerrübensirup mit Zucker und Butter in einen Topf geben und unter ständigem Rühren so lange erhitzen, bis sich der Zucker gelöst hat. Die Mischung abkühlen lassen. Mehl, Lebkuchengewürz und Backpulver mischen. Die abgekühlte Sirupmischung zufügen und alles zu einem glatten Teig verkneten. Den Teig für mindestens 4 Stunden, besser über Nacht, kühl stellen.

Den Backofen auf 180 °C vorheizen. Den gekühlten Teig 2–3 mm dick ausrollen und mit unterschiedlichen Formen Plätzchen ausstechen. Auf mit Backpapier ausgelegte Backbleche legen und 8–10 Minuten backen. Die Pfefferkuchen sollen an den Rändern nicht braun werden. Die Plätzchen herausnehmen und auf einem Kuchengitter abkühlen lassen.

Für die Verzierung den Puderzucker mit etwas Zitronensaft glatt rühren und in einen Gefrierbeutel füllen. Eine kleine Ecke abschneiden, sodass ein Spritzbeutel entsteht, und die Pfefferkuchen nach Wunsch verzieren.

Zimt-Macarons

150 Puderzucker + 5 EL extra / 100 g gemahlene Mandeln + 2 EL extra / 2 Msp. Backpulver / 3 TL Zimt + 1 gute Prise extra / 2 Eiweiß / 1 Prise Salz / 100 g weiche Butter

Ergibt 30 Stück

Den Backofen auf 150 °C vorheizen. Puderzucker mit Mandeln und Backpulver im Mixer oder Cutter fein mahlen, danach noch einmal durchsieben, damit die Mischung besonders fein ist. Eine kräftige Prise Zimt zufügen. Eiweiße mit Salz steif schlagen, 3 Esslöffel Puderzucker untermischen und so lange weiterschlagen, bis die Masse glänzt und dickflüssig ist. Mandelmischung sorgfältig unter den Eischnee ziehen. Die Masse in einen Spritzbeutel mit runder Tülle füllen.

60 kleine Häufchen (Ø ca. 2,5 cm) auf ein mit Backpapier ausgelegtes Backblech spritzen, dabei genügend Platz zwischen den Häufchen lassen, da der Teig noch etwas auseinanderfließt. Aufstehende Spitzen mit nassem Finger flach drücken. Das Blech in den heißen Ofen geben und die Macarons ca. 15 Minuten backen. Dann vollständig auskühlen lassen.

In der Zwischenzeit für die Füllung die Butter rühren, bis sich kleine Spitzen bilden, je 2 Esslöffel Mandeln und Puderzucker sowie den Zimt untermischen und die Buttercreme dann in einen Spritzbeutel mit runder Tülle geben. Die Hälfte der Macarons auf den Kopf drehen, etwas Füllung aufspritzen, die weitere Hälfte als Deckel daraufsetzen, vorsichtig zusammendrücken und für mindestens 1 Stunde kühl stellen.

Wegen der Buttercreme-Füllung sollten die Macarons kühl gelagert werden. Ca. 30 Minuten vor dem Verzehr aus der Kühlung nehmen, dann schmecken sie am besten.

Hasselnød-Smakager

250 g ungeschälte Haselnüsse / 2 EL Puderzucker + etwas extra / 1 EL Kakao / 250 g Butter / 250 g Zucker / 300 g Mehl / 2 EL Sahne

Ergibt ca. 100 Stück

Nüsse in einer Pfanne ohne Fett rösten, dann abkühlen lassen, soweit möglich von den Schalen befreien und im Mixer oder Cutter fein mahlen. Puderzucker und Kakao mischen. Butter mit dem Zucker cremig rühren, dann Nüsse, Mehl und Sahne zufügen und gut unterkneten.

Den Teig zu gleichmäßigen Rollen (Ø ca. 3 cm) formen und in der Kakaomischung wälzen. Die Teigrollen in Frischhaltefolie wickeln und ca. 1 Stunde kalt stellen.

Den Backofen auf 160 °C vorheizen. Die Rollen in 5 mm dicke Scheiben schneiden, auf mit Backpapier ausgelegte Backbleche legen und ca. 10 Minuten backen. Herausnehmen und mit etwas Puderzucker bestäuben.

Statt ganzer Haselnüsse können Sie auch gemahlene verwenden, diese dann ebenfalls kurz ohne Fett in einer Pfanne anrösten.

Kolachki

Für den Teig: 200 g Doppelrahmfrischkäse / 200 g weiche Butter / 150 g Mehl + etwas extra / 50 g Zucker
Für die Füllung: 400 g Walnüsse / 1 Ei / 75 g flüssiger Honig
Ergibt 30 Stück

Doppelrahmfrischkäse mit der Butter verrühren. Mehl und Zucker zufügen und alles zu einem glatten Teig verkneten. Für 2 Stunden kühl stellen.

Den Backofen auf 200 °C vorheizen. 50 Gramm der Walnüsse in einem Mixer oder Cutter fein mahlen, den Rest klein hacken. Dann alle Walnüsse mit dem Ei und dem Honig verrühren, eventuell etwas Wasser zufügen, wenn die Masse noch nicht geschmeidig genug ist.

Den Teig halbieren und jeweils dünn auf der bemehlten Arbeitsfläche ausrollen. Aus jeder Teighälfte 2 x 15 Quadrate schneiden. Auf jedes Quadrat etwas Füllung geben, je zwei gegenüberliegende Ecken übereinanderschlagen. Die Kolachki auf ein mit Backpapier ausgelegtes Blech legen und in ca. 12 Minuten hellbraun backen.

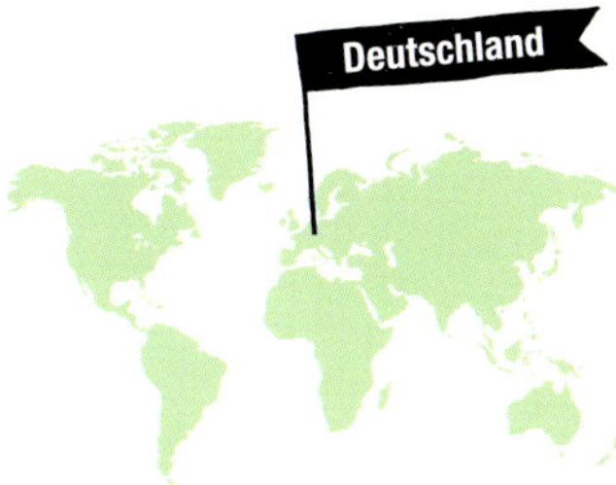

Mokka-Zimtsterne

125 g Marzipanrohmasse / 3 EL lösliches Espressopulver + 1 TL extra / 1 EL heißes Wasser / 3 Eiweiß (M) / 1 Prise Salz / 250 g Puderzucker / 300 g gemahlene Mandeln + etwas extra / ½ TL Zimt / 1 TL Kakao

Ergibt ca. 35 Stück

Marzipan grob raspeln. Espressopulver im heißen Wasser auflösen. Eiweiße mit Salz und Puderzucker in 4–5 Minuten zu einem sehr festen, glänzenden Eischnee schlagen. 125 Gramm von dem Eischnee für den Guss abgedeckt kalt stellen. Marzipan, Mandeln, aufgelöstes Espressopulver und Zimt zum übrigen Eischnee geben. Gut unterarbeiten, bis eine glatte Masse entsteht. In Frischhaltefolie gewickelt mindestens 2 Stunden kalt stellen. Ist die Masse dann noch zu weich, weitere Mandeln unterrühren.

1 Teelöffel Espressopulver mit ½ Teelöffel Wasser und dem Kakao verrühren. Vom beiseitegestellten Guss 1 Esslöffel abnehmen und die Kaffee-Kakao-Mischung hineinrühren. In einen Einweg-Spritzbeutel oder einen kleinen Gefrierbeutel füllen.

Den Backofen auf 170 °C vorheizen. Ein Drittel der Zimtsternmasse aus dem Kühlschrank nehmen und zwischen zwei Lagen Backpapier ca. 1 cm dick ausrollen. Mit einem zuvor in Wasser getauchten sternförmigen Ausstecher (Ø ca. 5 cm) dicht an dicht Sterne ausstechen. Üppig mit dem weißen Eischnee-Guss bestreichen. Die Zimtsterne auf mit Backpapier ausgelegte Bleche setzen. Den dunklen Guss in Streifen darüberspritzen und mit einem in Wasser getauchten Holzstäbchen den dunklen in den weißen Guss ziehen.

Beim Ausstechen entstandene Reste mit dem zweiten Drittel Zimtsternmasse aus dem Kühlschrank verkneten. Wie oben beschrieben verarbeiten. Mit dem restlichen Teig ebenso verfahren. Die Bleche nacheinander im heißen Ofen auf der untersten Schiene ca. 12 Minuten backen, dabei wird der Guss leicht reißen. Die Zimtsterne auf dem Blech abkühlen lassen.

Die letzten weichen Teigreste einfach mit 3–4 Esslöffeln gemahlenen Mandeln verkneten, so können sie besser verarbeitet werden.

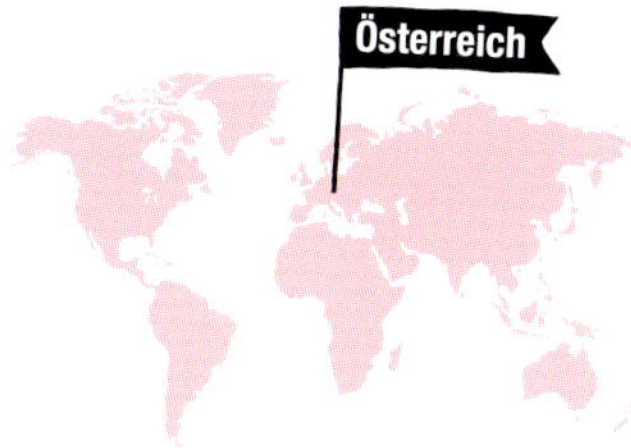

Sacherwürfel

125 g Mehl / 6 Eier / 125 g Butter / 80 g Puderzucker / 125 g Zartbitterkuvertüre (70 % Kakao) / 100 g brauner Zucker / 1 Prise Salz / 125 g weiße Kuvertüre / 150 g Aprikosen- oder Marillenmarmelade / ggf. 1 guter Schuss Rum / 300 g dunkle Kuvertüre oder Kuchenglasur zum Überziehen

Ergibt ca. 30 Stück

Den Backofen auf 170 °C vorheizen. Das Mehl fein sieben und die Eier trennen. Butter und Puderzucker schaumig rühren und die Eigelbe nach und nach zugeben. Zartbitterkuvertüre über dem Wasserbad schmelzen und nicht zu heiß unter die Butter-Eigelb-Masse rühren. Eiweiße mit Zucker und Salz zu Schnee schlagen, dann abwechselnd mit dem Mehl unter die Schokoladenmasse heben. Den Teig auf ein mit Backpapier ausgelegtes Backblech streichen und ca. 30–40 Minuten backen. Er sollte ein wenig aufgehen. Nach dem Backen herausnehmen und abkühlen lassen.

Für die Schneekristalle die weiße Kuvertüre über dem Wasserbad schmelzen. Schneekristalle auf Backpapier zeichnen. Das Papier wenden. Die Kuvertüre in einen Gefrierbeutel füllen und eine kleine Ecke abschneiden, sodass ein Spritzbeutel entsteht. Schneekristalle oder auch andere Muster mithilfe der vorgezeichneten Vorlage aufs Papier spritzen und im Kühlschrank trocknen lassen.

Den Tortenboden in drei gleich große Stücke schneiden. Die Marmelade mit dem Rum oder etwas warmem Wasser glatt rühren. Jedes der Stücke auf der Oberseite mit Marmelade bestreichen. Dann exakt übereinandersetzen, sodass ein hoher, rechteckiger Kuchen entsteht. Mit einem langen, scharfen Messer in Würfel schneiden.

Zum Fertigstellen die dunkle Kuvertüre über dem Wasserbad schmelzen. Die Würfel mit der geschmolzenen Kuvertüre überziehen. Die Schneekristalle auf die noch warme Kuvertüre drücken. Auf einem Kuchengitter abtropfen und auskühlen lassen.

Wenn die Sacherwürfel nicht sofort serviert werden, kühl aufbewahren.

dänische Julkuchen

2 Eier (M) / 120 g weiche Butter / 100 g Zucker / 1 Prise Salz / 220 g Mehl + etwas extra / ½ TL Backpulver / ½ TL Zimt

Ergibt ca. 32 Stück

Eier trennen. Butter, 80 Gramm Zucker, Salz und Eigelbe cremig aufschlagen. Mehl und Backpulver mischen, auf die Ei-Zucker-Masse sieben und das Ganze zu einem glatten Teig verkneten. Auf einer mit Mehl bestreuten Arbeitsfläche aus dem Teig zwei ca. 16 cm lange Rollen formen. In Frischhaltefolie wickeln und mindestens 2 Stunden kalt stellen.

Den Backofen auf 200 °C vorheizen. Dann die Rollen in ca. 1 cm dicke Scheiben schneiden, diese etwas flach drücken und anschließend auf mit Backpapier ausgelegte Backbleche legen. Eiweiße leicht verquirlen und die Teigscheiben damit bestreichen. Den restlichen Zucker mit Zimt mischen und daraufstreuen. Die Bleche nacheinander im heißen Ofen 10–12 Minuten backen. Die Kekse mit dem Backpapier von den Blechen ziehen und erkalten lassen.

Besonders hübsch sehen die Julkuchen aus, wenn man statt feinem Zucker Hagelzucker verwendet. Die Zuckerkörnchen wirken wie kleine Schneebällchen oder Eiskristalle.

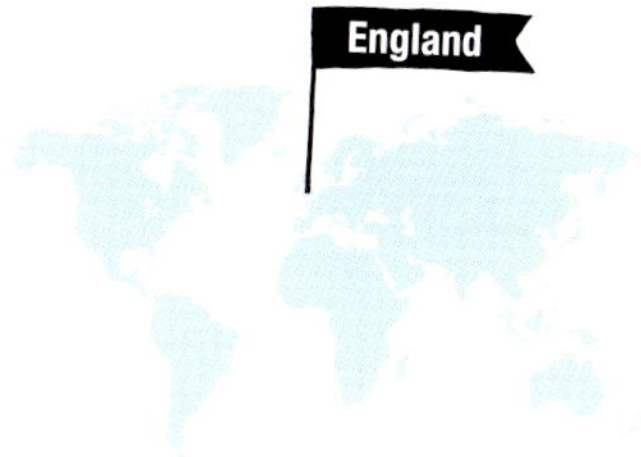

Flapjacks

225 g Butter / 225 g brauner Zucker / 2 EL Ahorn- oder Zuckerrübensirup / 300 g zarte oder kernige Haferflocken / weitere Zutaten nach Belieben (z. B. Rosinen / Schokodrops / Nüsse / Sesamsaat)

Ergibt 30–40 Stück

Den Backofen auf 170 °C vorheizen. Butter in Würfel schneiden und mit dem Zucker in einen Topf geben. Unter Rühren bei geringer bis mittlerer Hitze erwärmen, bis die Butter flüssig ist und sich der Zucker aufgelöst hat. Sirup und Haferflocken sowie weitere Zutaten nach Belieben untermischen.

Die Mischung in eine eckige, mit Backpapier ausgelegte Backform (ca. 26 × 26 cm) füllen und gleichmäßig verstreichen. Ca. 30 Minuten backen.

Die Backform aus dem Ofen nehmen – auch wenn die Masse noch nicht fest ist, denn mit dem Abkühlen wird sie schnittfest. Anschließend in mundgerechte Würfel oder etwas größere Riegel schneiden.

Hier sind der Kreativität keine Grenzen gesetzt – man kann Trockenfrüchte, aber auch frisches Obst hineinmischen, die Flapjacks mit Schokolade überziehen oder weihnachtliche Gewürze mit in den Teig geben …

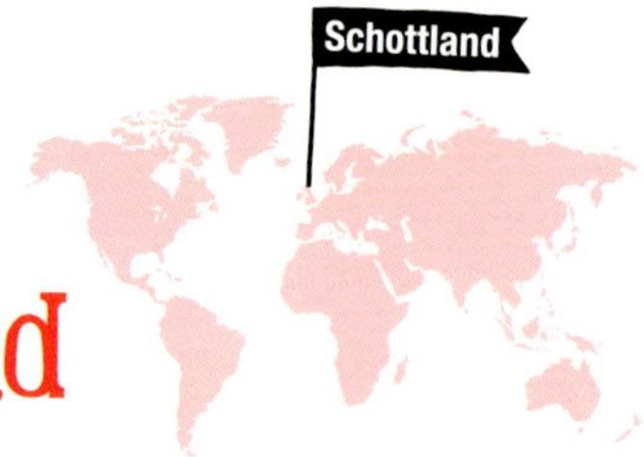

Millionaires Shortbread

200 g Mehl + etwas extra / 175 g Butter / 150 g Zucker / 25 g brauner Zucker / 1 Msp. Vanillepulver / 400 g gezuckerte Kondensmilch / 200 g Vollmilchkuvertüre oder -glasur

Ergibt ca. 30 Stück

Den Backofen auf 170 °C vorheizen. Mehl mit 150 Gramm Butter mischen, dann 75 Gramm Zucker zufügen und das Ganze zu einem festen Teig verkneten. Den Teig auf der bemehlten Arbeitsfläche rechteckig ausrollen und dann in eine große, mit Backpapier ausgelegte Form (ca. 23 x 30 cm) geben. Mit einer Gabel mehrfach einstechen und ca. 35 Minuten goldgelb backen. Die Backform aus dem Ofen nehmen und den Teigboden abkühlen lassen.

Die restliche Butter mit dem braunen und dem restlichen weißen Zucker in einem Topf erhitzen. Vanillepulver und Kondensmilch zufügen und unter ständigem Rühren (brennt sehr schnell an!) langsam zum Kochen bringen. Nach 3–4 Minuten sollte die Masse eine karamellartige Färbung angenommen haben. Diese Masse nun in die Backform über den abgekühlten Teig geben und gleichmäßig verteilen. Für ca. 1 Stunde in den Kühlschrank stellen, bis der Karamell fest geworden ist.

Dann die Kuvertüre über dem Wasserbad schmelzen und über den Karamell geben. Wiederum in den Kühlschrank stellen, bis die Schokolade fest geworden ist. Zum Servieren mit einem scharfen, zuvor in heißes Wasser getauchten Messer in kleine Rechtecke schneiden.

Glad Tidings
WE
WISH YOU A
MERRY
CHRISTMAS

anisbögen

4 Eier / 200 g Zucker / 1 Pck. Vanillezucker / 150 g Mehl / Anissaat zum Bestreuen
Ergibt ca. 60 Stück

Den Backofen auf 160 °C vorheizen und ein Backblech mit Backpapier auslegen. Eier mit den Knethaken des Handrührgeräts schaumig schlagen und nach und nach Zucker und Vanillezucker einrühren. Nun so lange schlagen, bis eine cremige Masse entstanden ist. Mehl darübersieben und vorsichtig unterziehen.

Mit zwei Teelöffeln kleine Häufchen auf das Backblech setzen, dabei darauf achten, dass der Abstand zwischen den Häufchen groß genug ist, da sie beim Backen noch auseinanderlaufen. Jedes Häufchen mit etwas Anissaat bestreuen. Im heißen Ofen 7–8 Minuten backen. Dann herausnehmen und sofort über eine Teigrolle oder ein Glas legen. Abkühlen lassen und die nun entstandenen Bögen trocken lagern.

Die Plätzchen müssen sofort nach dem Backen gebogen werden, denn sobald sie erkalten, brechen sie. Also am besten fleißige Helferlein zum „Bögenbiegen" hinzuholen.

toskanische Weihnachtsschnitten

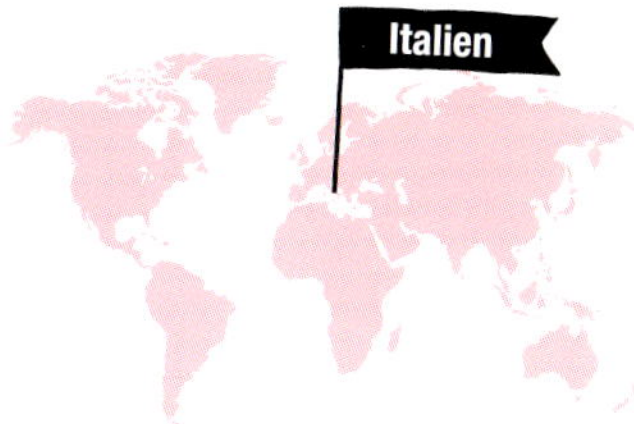

150 g geschälte Mandeln / 150 g Walnüsse / 150 g ungeschälte Haselnüsse / 300 g gemischte kandierte Früchte / 2 TL Zimt / ½ TL gemahlener Koriander / ½ TL gemahlene Muskatnuss / ½ TL gemahlene Muskatblüte (Macis) / 75 g Mehl / 200 g Akazienhonig / 200 g Puderzucker / 3 rechteckige Backoblaten (12 × 20 cm) / Puderzucker zum Bestäuben

Ergibt 30 Stück

Mandeln und Nüsse nacheinander in einer Pfanne ohne Fett goldgelb rösten. Abkühlen lassen, die Schalen soweit möglich entfernen und grob hacken. Kandierte Früchte in kleine Würfel schneiden. Mandeln und Nüsse mit den Fruchtwürfeln, Gewürzen und Mehl gründlich mischen.

Honig in einen Topf geben, Puderzucker zufügen und unter Rühren 2 Minuten köcheln lassen. Vom Herd nehmen, etwas abkühlen lassen und mit der Frucht-Mehl-Mischung zu einer glatten Masse verrühren. Dann abkühlen lassen.

Den Backofen auf 160 °C vorheizen. Ein Backblech mit Backpapier belegen. Die Honig-Frucht-Masse gleichmäßig auf die Oblaten streichen. Dabei aufpassen, dass sie nicht brechen. Die Oblaten aufs Blech legen und ca. 25 Minuten backen. Mit dem Papier vom Blech ziehen. Die Weihnachtsschnitten noch warm in je 10 Rechtecke schneiden und auskühlen lassen.

Walnuss-Maronen-Printen

60 g kandierter Ingwer / 250 g Honig / 200 g gegarte Maronen (vakuumverpackt) / 120 g Walnüsse / 380 g Mehl + etwas extra / 2 TL Backpulver / 1 Ei (M) / 60 g weiche Butter / 70 g Zucker / 1 Prise Salz / ½ TL Vanillepulver / 1 TL gemahlene Muskatblüte (Macis) / ¼ TL Zimt / 1 Eiweiß / 40 Walnusshälften

Ergibt ca. 80 Stück

Für den Teig Ingwer sehr fein hacken. Honig kurz erwärmen, Ingwer unterrühren und abkühlen lassen. Maronen fein hacken. Walnüsse erst grob hacken, dann im Mixer oder Cutter fein mahlen.

Mehl und Backpulver in einer Schüssel mischen. Ei, Butter, Zucker, Salz, Vanille, Muskatblüte, Zimt, Maronen und gemahlene Walnüsse zugeben. Alles mit den Knethaken des Handrührgeräts zu einem glatten Teig verkneten, dabei den Ingwerhonig zugeben. Ist der Teig noch nicht fest genug, etwas mehr Mehl zufügen. Anschließend in Frischhaltefolie wickeln und ca. 12 Stunden, am besten über Nacht, kalt stellen.

Den Backofen auf 180 °C vorheizen. Den Teig in vier Stücke teilen und jeweils auf einer bemehlten Arbeitsfläche ½ cm dick ausrollen. In Rechtecke (à 5 x 3 cm) schneiden und auf drei mit Backpapier belegte Backbleche legen.

Die Oberfläche der Printen dünn mit verquirltem Eiweiß bestreichen. Die Walnusshälften nochmals halbieren, auf die Printen legen, leicht andrücken und die Printen im heißen Ofen auf der zweiten Schiene von unten ca. 12 Minuten backen. Herausnehmen und abkühlen lassen.

Ball

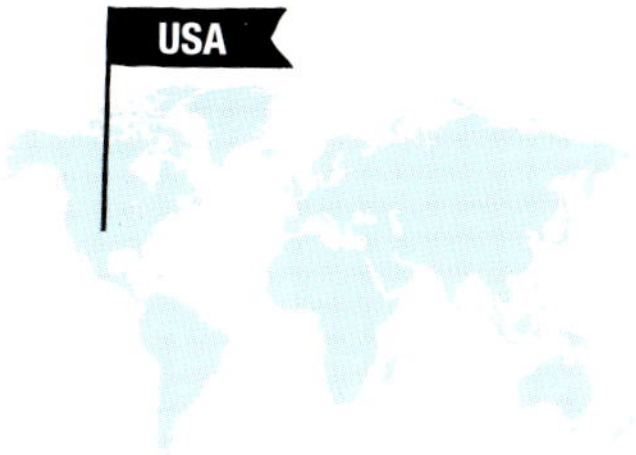

Chocolate-Mint-Snow-Top-Cookies

180 g Mehl / 1½ TL Backpulver / 100 g Schokolade mit Minzgeschmack / 150 g Zartbitterschokolade / 120 g weiche Butter / 100 g Zucker / 1 Pck. Vanillezucker / 2 Eier / Puderzucker zum Bestäuben
Ergibt ca. 60 Stück

Mehl und Backpulver in einer Schüssel mischen. Über dem Wasserbad die Minzschokolade und 100 Gramm Zartbitterschokolade schmelzen. Die restliche Zartbitterschokolade klein hacken. Butter mit Zucker und Vanillezucker cremig rühren. Die geschmolzene Schokolade einrühren und die Eier einzeln zufügen, dabei weiterschlagen. Das Mehl-Backpulver-Gemisch nach und nach darübersieben. Zum Schluss die gehackte Schokolade unterrühren. Der Teig sollte nun die Konsistenz eines Rührteigs haben und schwer vom Löffel fallen.

Den Teig in zwei Portionen teilen, jeweils auf Frischhaltefolie zu einem Rechteck verstreichen, gut einwickeln und für ca. 1 Stunde ins Gefrierfach legen, bis er seine Form behält.

Den Backofen auf 180 °C vorheizen. Etwas Puderzucker in ein Schälchen sieben. Den Teig nun in kleine Würfel schneiden, nur jeweils eine geringe Menge verarbeiten, den Rest wieder kühl stellen. Aus jedem Würfel mit kalten, sauberen Händen eine kleine Kugel formen. Diese im Puderzucker wälzen und auf zwei mit Backpapier belegte Backbleche legen. Dann 10–12 Minuten backen. Die Kugeln sollten dabei aufplatzen.

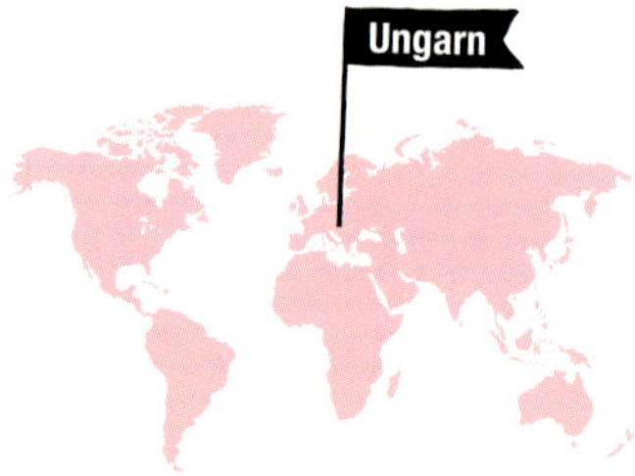

Nussbeugel

Für den Teig: 60 ml Milch / 20 g frische Hefe / 20 g Zucker / 250 g Mehl + etwas extra / 125 g weiche Butter / 3 Eigelb / 1 Prise Salz / 1 Pck. Vanillezucker / 1 EL Rum

Für die Füllung: 200 g ungeschälte Haselnüsse / 110 g brauner Zucker / 2 EL saure Sahne / 1 TL Vanillezucker / ½ TL Abrieb von 1 Bio-Zitrone / 2 EL süßen Likör (z. B. Amaretto / Grand Marnier) / 2 Eigelb zum Bestreichen

Ergibt 12–15 Stück

Milch leicht erwärmen, Hefe und Zucker zufügen und darin auflösen. Mehl in eine Schüssel sieben, Butter, Eigelbe, Salz, Vanillezucker und Rum zufügen und die Hefemilch darübergießen. Alles zu einem glatten Teig verkneten, abgedeckt bei Zimmertemperatur 45 Minuten ruhen lassen.

In der Zwischenzeit die Füllung vorbereiten. Dafür den Backofen auf 200 °C vorheizen. Die Haselnüsse auf ein Backblech geben und 10 Minuten rösten, bis sich die Schale löst. Dabei aufpassen, dass die Nüsse nicht schwarz werden. Abkühlen lassen und die Schalen so gut wie möglich entfernen. Dann die Nüsse im Mixer oder Cutter fein mahlen.

50 Milliliter Wasser mit dem Zucker in einem Topf erwärmen, bis er sich aufgelöst hat, dann die Nüsse zugeben, saure Sahne, Vanillezucker, Zitronenabrieb und Likör zufügen und alles gut verrühren. 10 Minuten bei mittlerer Hitze einkochen, zwischendurch gut umrühren, damit nichts anbrennt. Die Nussmasse abkühlen lassen. Sie wird dann noch etwas zähflüssiger.

Den Teig nochmals kurz durchkneten, zu einer Rolle formen und diese in 12–15 ca. 2 cm dicke Scheiben schneiden. Die Teigscheiben auf einer mit Mehl bestäubten Arbeitsfläche mit den Händen zu kleinen Kugeln rollen. Jede Kugel oval ausrollen. 1 Esslöffel von der Nussmasse abstechen, zu einer Rolle formen und der Länge nach auf das Teigoval legen. Den Teig über die Nussfüllung schlagen bzw. einrollen und zu einem Halbmond geformt auf ein mit Backpapier ausgelegtes Backblech legen. Die Eigelbe verquirlen und jedes Stück damit bestreichen. Die Nussbeugel 1 Stunde an einem kühlen Ort trocknen lassen.

Den Backofen auf 200 °C vorheizen, die Beugel noch einmal mit etwas Eigelb bestreichen und ca. 20 Minuten backen.

russisch brot

4 Eiweiß / 1 Prise Salz / 150 g Zucker + 2 EL extra / 1 Pck. Vanillezucker / 150 g Mehl / ½ TL Zimt / 1 EL Kakao / 1 EL Zuckerrübensirup

Ergibt ca. 80 Stück

Eiweiße mit Salz steif schlagen. Zucker und Vanillezucker langsam einrieseln lassen, weiter zu glänzendem, festem Schnee schlagen. Mehl mit Zimt und Kakao mischen und mit dem Zuckerrübensirup nach und nach unter den Eischnee heben.

Den Backofen auf 160 °C vorheizen. Die Masse in einen Spritzbeutel mit kleiner Lochtülle füllen und verschiedene Buchstaben, am besten das ganze Alphabet, auf mit Backpapier belegte Backbleche spritzen. Im heißen Ofen 10–15 Minuten backen. Herausnehmen und etwas abkühlen lassen.

Währenddessen für die Glasur 2 Esslöffel Zucker mit 6 Esslöffeln Wasser mischen und aufkochen, bis sich der Zucker aufgelöst hat. Die Buchstaben damit bestreichen und im ausgeschalteten Ofen nochmals 15 Minuten trocknen lassen.

Russisch Brot stammt wohl aus Sankt Petersburg. Von dort brachte ein Dresdner Bäcker das Rezept nach Deutschland. Eine andere Legende sagt: In Wien reichte man im 19. Jh. russischen Gesandten zur Begrüßung das Gebäck – in Anlehnung an einen russischen Brauch.

Register

A
Ahornsirup 45
Anisbögen 50
Anissaat 50

B
Backoblaten 53
Basler Brunsli 17

C
Chocolate-Mint-Snow-Top-Cookies 57

D
Dänische Julkuchen 42
Doppelrahmfrischkäse 36
Drömmar 10

E
Espressopulver, lösliches 39

F
Flapjacks 45
Früchte, kandierte 53

H
Haferflocken 45
Haselnüsse 32, 53, 58
Hasselnød-Smakager 32
Hefe 58
Honig 36, 53, 54

I
Ingwer 22, 54

K
Kaffeepulver, lösliches 25
Kakao 14, 17, 26, 32, 39, 61
Kirschen, getrocknete 25
Kirschwasser 17
Kolachki 36
Kondensmilch 46
Koriander 53
Kuchenglasur 19, 41, 46

L
Lebkuchen-Brownies 8
Lebkuchengewürz 8, 26, 28
Likör 19, 58

M
Mandeln 13, 17, 22, 25, 26, 31, 39, 53
Mantecados 13
Marmelade 41
Maronen 54

Marzipan 14, 39
Millionaires Shortbread 46
Mokka-Zimtsterne 39
Muskat 22, 53, 54

N
Natron 22
Nelken 17, 22
Nussbeugel 58

O
Orange 19, 26
Orangeat 25
Orangen-Schoko-Kipferl 19

P
Pepparkakor 28
Pfefferkuchengewürz 25
Pistazien 26
Porterbier-Kekse 25
Portwein 22

R
Rosinen 25
Rum 41, 58
Russisch Brot 61

S
Sacherwürfel 41
Sahne 32, 58
Schmalz 13
Schokolade/Kuvertüre
  Minz- 57
  Vollmilch 19, 46
  Zartbitter- 8, 17, 19, 41, 57
  Weiße 41
Soetkoekies 22
Sultaninen 25

T
Toskanische Weihnachtsschnitten 53

W
Walnüsse 8, 36, 53, 54
Walnuss-Maronen-Printen 54
Weihnachtliche Cantuccini 26
Weihnachts-Kurabiye 14

Z
Zimt 13, 14, 17, 22, 31, 39, 42, 53, 54, 61
Zimt-Macarons 31
Zitronat 25
Zitrone 25, 26, 28, 58
Zuckerrübensirup 28, 45, 61

5 4 3 2 1 19 18 17 16 15
978-3-88117-983-6

Fotografie: Frauke Antholz
Redaktion: Kathrin Nick
Covergestaltung, Illustrationen und Layout: Christiane Heim
Satz und Litho: typocepta, Köln

Hafenweg 30, 48155 Münster, Germany

www.hoelker-verlag.de